HELMUT ADAM | JENS HASENBEIN | BASTIAN HEUSER

COCKTAIL
CLASSICS

Die beliebtesten Cocktails
perfekt zubereiten und variieren

MIX-KNOW-HOW

Weil Übung auch den *Cocktailmeister* macht, zu Beginn nur *das Nötigste an Bar-Theorie:* Welche Geräte und Gläser Sie brauchen und wie Sie Cocktails gekonnt *im Shaker schütteln.*

COCKTAILKLASSIKER PERFEKT ZUBEREITEN UND VARIIEREN

Vom legendären Old Fashioned Cocktail bis zum vergleichsweise jungen Bramble: Hier finden Sie »die« 20 Cocktailclassics – mit Rezept, Profi-Geheimtipps für die perfekte Zubereitung sowie unterhaltsamen Infos zu *ihrer Herkunft und Entstehung.*
Das Beste: Haben Sie das Prinzip, wie sich die berühmten Drinks zusammensetzen, erst einmal durchschaut, *geht's ans Variieren. Wie?* Nach jedem Klassikerrezept finden Sie zwei moderne Abwandlungen – zum Ausprobieren und natürlich selbst Kreativwerden!

MIX-
KNOW-HOW

a b c

BAR-EQUIPMENT

Wie jeder andere Handwerker hat auch der Bartender spezielle Werkzeuge für seine Arbeit hinter der Bar. Eines der wichtigsten: der *Shaker*. Für Anfänger am besten geeignet ist der schön leichte, *dreiteilige Edelstahl-Shaker* [Bild a] mit »eingebautem« Barsieb. Profis schwören auf den zweiteiligen *Boston Shaker* [Bild b], bestehend aus einem Glas- und einem Metallteil. Für dessen Gebrauch benötigen Sie allerdings ein separates *Barsieb* [Bild b]. Cocktails, die nur Spirituosen enthalten, werden im *Rührglas* [Bild c] zubereitet, da sich ihre Zutaten leicht vermischen lassen. Eine gute Alternative hierzu ist das Glasteil des Boston Shakers. Ein langstieliger *Barlöffel* [Bild c] hilft beim Rühren, darüber hinaus leistet er als Mini-Barmaß gute Dienste: Er fasst ca. 1/2 cl. Für größere Mengen aber wesentlich bequemer: das *Barmaß* [Bild d]. Um frische Früchte

und/oder Kräuter und Gewürze zu zerdrücken, muss ein »Muddler« bzw. *Barstößel* [Bild d] her. Der Hygiene wegen sollten Sie einen aus Hartplastik oder Metall wählen. Der ***elektrische Standmixer*** [Bild e] ist ideal zum Mixen von Fruchtpürees oder anderen schwer mischbaren Zutaten wie z. B. Sahne. Außerdem können Sie mit ihm gleich mehrere Cocktails auf einmal zubereiten. Ein *Icecrusher* [Bild f] erleichtert Ihnen die ansonsten sehr mühevolle Arbeit, in ein Handtuch eingeschlagene Eiswürfel mit dem Nudelholz zu zerkleinern.

Übrigens: Eis zählt zu den wichtigsten »Arbeitsmaterialien« im Barbetrieb – ohne gutes Eis, d. h. große Eiswürfel ohne Hohlräume, braucht man mit Cocktails gar nicht erst anzufangen! Größere Mengen entweder kaufen (z. B. an der Tankstelle) oder in Eiswürfelbehältern aus Plastik herstellen.

a

b

c

GLÄSER?GLÄSER!

Weil für jeden Cocktail ein bestimmtes Glas vorgesehen ist, sollten Sie sich für Ihre Cocktailpartys einen gewissen Grundstock an Gläsern zulegen:

Die meisten Sekt- oder Champagnercocktails werden ganz stilecht im *Champagnerkelch* bzw. *Sektglas* [Bild a] serviert, die jeweils Platz für einen Drink mit etwa 18 cl bieten.

Die *Cocktailschale* mit 20 cl Fassungsvermögen [Bild b] wird für viele klassische Drinks benutzt, die man »straight up«, also ohne Eis, serviert und die Fruchtsäfte oder Sahne enthalten. Berühmte Beispiele sind die Margarita oder der Daiquiri.

Klassiker wie der Martini oder Manhattan, die wiederum nur aus Spirituosen bestehen, können ihre Aromen im *15-cl-Martinikelch* [Bild c] so richtig entfalten.

Für den Genuss von puren Spirituosen auf Eis, aber auch für Cocktails mit kleinerem Volumen ist der *kleine Tumbler* (20 cl) das Standardglas [Bild d]. Und wenn Sie Ihre Margarita lieber »on the rocks« (auf Eis) wünschen, ist dieses Glas ebenfalls die richtige Wahl.

Drinks mit größerem Volumen sind besser im *großen Tumbler* (38 cl) oder dem *großen Cocktailglas* (45 cl) aufgehoben [Bild e]. Der Tumbler ist gedrungener, das Cocktailglas etwas höher und größer.

Das *Longdrinkglas* [Bild f] fasst mit 30 cl weniger als das große Cocktailglas. In dem schmalen, hohen Glas serviert man Spirituosen auf Eis, die mit einem »Filler« (z. B. Limonade) aufgegossen werden. Populäre Beispiele sind Gin Tonic oder Wodka Lemon.

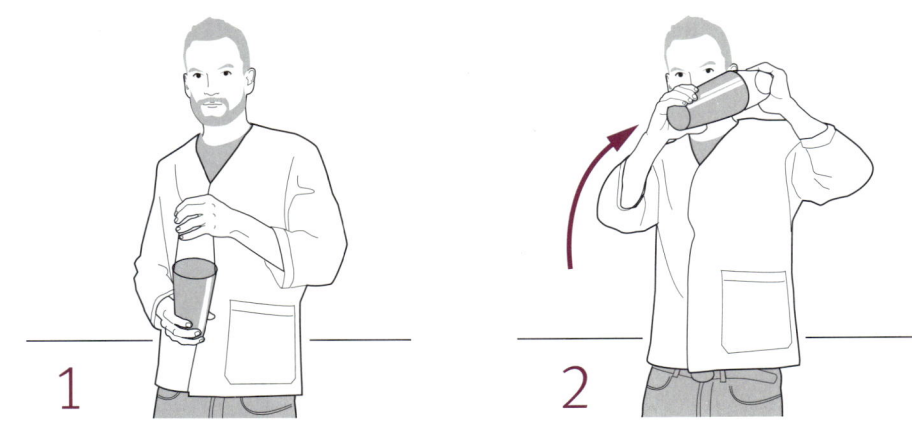

1

2

Startklar? Ran an den Shaker!

So schütteln Sie den Shaker *wie ein Bar-Profi:* Stehen Sie mit leicht versetzten Beinen in schulterbreitem Abstand. Umfassen Sie mit der einen Hand den unteren, mit der anderen Hand den oberen Teil des Shakers [Bild 1]. Führen Sie nun den Shaker zur Schulter der oben liegenden Hand [Bild 2]. Dann den Shaker in *rhythmischen, waagerechten Bewegungen* nach vorn und wieder nach hinten bewegen [Bild 3]. Achten Sie dabei darauf, dass Ihre Ellbogen in Schulterhöhe bleiben. Und: Holen Sie ruhig bis über die Schulter aus [Bild 4] – Cocktails sollten *»hart«* *geschüttelt* werden!

Shaken Sie den Drink etwa 10 Sek., damit sich alle Zutaten gut vermischen und durch das Eis gekühlt werden können. Wenn der Shaker außen ganz beschlagen ist, ist der Cocktail fertig.

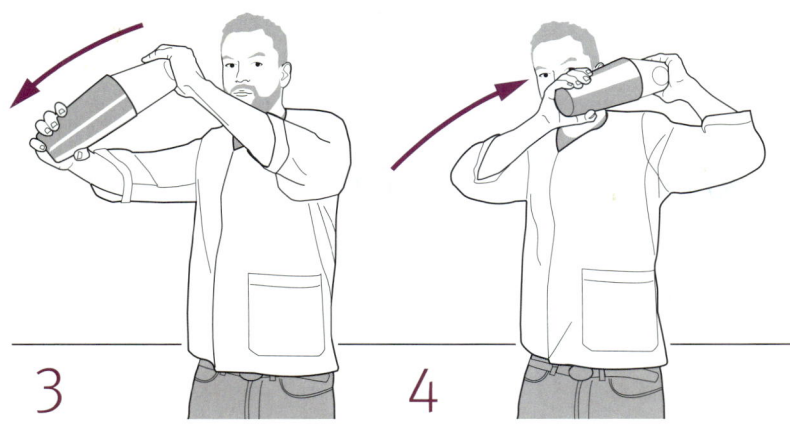

3 4

Wichtig: Den Shaker immer *fest verschließen!* Die physikalische Energie, die beim Schütteln auf den Shaker wirkt, presst die Teile auseinander, und schnell haben Sie den ganzen Cocktail auf Ihrem Hemd!

Außerdem sollte das Glasteil des Boston Shakers bzw. der kleine Teil des dreiteiligen Shakers *nie zum Gast,* sondern immer zu Ihnen zeigen. Denn sollte Ihnen ein Missgeschick passieren, landet das Glas hinter Ihnen – und nicht beim Gast. Die Verletzungsgefahr ist so für beide Seiten weitestgehend gebannt.

Vorsicht bei *kohlensäurehaltigen Zutaten!* Diese niemals mitschütteln: Der Druck der Kohlensäure treibt den Shaker auseinander und lässt ihn *förmlich explodieren!*

COCKTAILKLASSIKER
PERFEKT ZUBEREITEN
UND VARIIEREN

BRANDY ALEXANDER
CLASSIC

cremig-kräftiger Digestif

das glas: (möglichst vorgekühlter) Martinikelch (15 cl)

die zutaten: 3 cl Brandy de Jerez, 3 cl Crème de Cacao braun, 3 cl Sahne, Eiswürfel, Muskatnuss

die bargeräte: Barmaß, Shaker, Barsieb, Muskatreibe

1. Brandy, Crème de Cacao und Sahne mit 8 Eiswürfeln in den Shaker geben. Diesen gut verschließen und ca. 15 Sek. schütteln.

2. Den Inhalt des Shakers durch das Barsieb in den Martinikelch gießen. Etwas Muskat auf den Drink reiben und sofort servieren.

Der cremige Klassiker erschien erstmals um 1910
in New York auf dem Bartresen,
bevor ihn dann Harry MacElhone in *Harry's New York Bar*
in Paris salonfähig machte.
In der ursprünglichen Version wurde er mit Gin gemixt,
nach und nach setzte sich aber die Brandy-Variante durch.

KLEINE BARGESCHICHTE

Cocktails mit Sahne sind meist sehr SÜSS und gehaltvoll. Da sie also richtiggehend SATT MACHEN, eignen sie sich nicht als Aperitif, sondern gehören ans Ende eines Essens – womöglich sogar als DESSERT-ERSATZ.

DAS PRINZIP ALEXANDER. Der sahneweiche Brandy Alexander lässt sich gut variieren, indem Sie ihn statt mit Muskat mit WEIHNACHTLICHEN GEWÜRZEN verfeinern – z. B. mit 1 Prise Lebkuchengewürz. Oder Sie kombinieren ihn mit einem AROMA, das mit der Schokoladennote des Kakaolikörs harmoniert, wie etwa ORANGENÖL.

BRANDY ALEXANDER VAR. 1
Gin Alexander

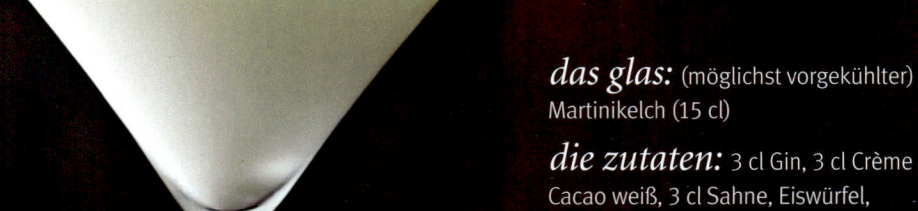

das glas: (möglichst vorgekühlter) Martinikelch (15 cl)

die zutaten: 3 cl Gin, 3 cl Crème de Cacao weiß, 3 cl Sahne, Eiswürfel, Muskatnuss

die bargeräte: Barmaß, Shaker, Barsieb, Muskatreibe

1. Gin, Crème de Cacao und Sahne mit 8 Eiswürfeln in den Shaker geben. Diesen gut verschließen und ca. 15 Sek. schütteln.

2. Den Inhalt des Shakers durch das Barsieb in den Martinikelch gießen. Etwas Muskat auf den Drink reiben und sofort servieren.

BRANDY ALEXANDER VAR. 2

Orange & Dark Chocolate Alexander

das glas: (möglichst vorgekühlter) Martinikelch (15 cl)

die zutaten: 3 cl Brandy de Jerez, 2 cl Zartbitterschokoladenlikör (z. B. Mozart), 1 cl Orangenlikör (z. B. Cointreau), 3 cl Sahne, 2 Tropfen Orange Bitter, Eiswürfel, 1 Stück Schale von 1 Bio-Orange (ca. 4 cm lang und 2 cm breit)

die bargeräte: Barmaß, Shaker, Barsieb

1. Brandy, Zartbitterschokoladenlikör, Orangenlikör, Sahne und Orange Bitter mit 8 Eiswürfeln in den Shaker geben. Diesen fest verschließen und ca. 15 Sek. schütteln. Anschließend den Inhalt des Shakers durch das Barsieb in den Martinikelch gießen.

2. Den Glasrand mit der Innenseite der Orangenschale einreiben und die Orangenschale mit in das Glas geben. Den Drink sofort servieren.

Die Heimat dieses berühmten Cocktails ist BRASILIEN. Caipirinha bedeutet wörtlich übersetzt *kleine Bäuerin* und war ursprünglich, wie der Name schon verrät, ein Drink der einfachen Landbevölkerung. Zu WELTRUHM gelangte er vor allem durch den zunehmenden TOURISMUS.

CAIPIRINHA CLASSIC

süßsaurer Sommerliebling

das glas: großer Tumbler (38 cl)

die zutaten: 1 Bio-Limette, 3 BL weißer Rohrzucker, Eiswürfel, 6 cl Cachaça

die bargeräte: Barlöffel, Shaker, Stößel, Barmaß, 2 Trinkhalme

1. Die Limette heiß waschen und trocknen. Mit einem Messer die beiden Enden abschneiden, die Limette der Länge nach halbieren und den weißen Strunk entfernen. Die beiden Limettenhälften der Länge nach teilen und in feine Stücke schneiden [Bild 1].

2. Anschließend die Limettenstücke mit dem Rohrzucker in den Shaker geben und mit dem Stößel sorgfältig zerdrücken [Bild 2]. 6 Eiswürfel und den Cachaça dazugeben [Bild 3]. Shaker fest verschließen und ca. 15 Sek. schütteln.

3. Den kompletten Inhalt des Shakers mit den Limettenstücken und den Eiswürfeln in den Tumbler gießen und mit Trinkhalmen servieren.

geheim tipps

Benutzen Sie keinen braunen Rohrzucker, die Brasilianer tun es auch nicht! Einer Caipirinha verlangt nach brasilianischem weißem Rohrzucker, den Sie mittlerweile im Fachhandel kaufen oder online bestellen können (z. B. unter www.cocktailian.de). Und: Rollen Sie die Limetten vor dem Aufschneiden mit Druck auf dem Schneidebrett hin und her. So brechen die Fruchtfleischkammern auf, und der Saft tritt einfacher aus.

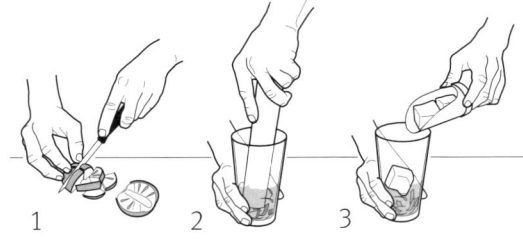

1   2   3

DAS PRINZIP CAIPIRINHA. Dieser Drink ist aufgrund seiner simplen Struktur sehr wandelbar. Sie können ANDERE ZITRUSFRÜCHTE wie etwa Zitronen verwenden, frische BEEREN dazugeben, den Zucker durch z. B. Honig ersetzen oder von Wodka bis Aperol eine andere Spirituose wählen.

CAIPIRINHA VAR. 1

Vanilla & Lemon Caipiroska

das glas: großer Tumbler (38 cl)

die zutaten: 1 kleine Bio-Zitrone, 2 Päckchen Bourbon-Vanillezucker, 6 cl Wodka, gestoßenes Eis

die bargeräte: Stößel, Barmaß, Barlöffel, 2 Trinkhalme

1. Die Zitrone heiß waschen und trocknen. Mit einem Messer die beiden Enden abschneiden und die Zitrone achteln; eventuell vorhandene Kerne entfernen.

2. Die Zitronenachtel mit dem Bourbon-Vanillezucker in einen Tumbler geben und mit dem Stößel sorgfältig zerdrücken. Den Wodka dazugeben und das Glas bis zur Hälfte mit gestoßenem Eis auffüllen.

3. Alles mit dem Barlöffel ca. 10 Sek. verrühren. Das Glas bis zum Rand mit gestoßenem Eis auffüllen und den Drink mit den Trinkhalmen servieren.

CAIPIRINHA VAR. 2

Caipi de Uva

das glas: großer Tumbler (38 cl)

die zutaten: 10 kernlose blaue Trauben, 2 BL weißer Rohrzucker, gestoßenes Eis, 6 cl Jamaika-Rum, 2 cl frisch gepresster Limettensaft

die bargeräte: Barlöffel, Stößel, Barmaß, 2 Trinkhalme

1. Die Trauben waschen, trocknen und mit dem Rohrzucker in den Tumbler geben. Beides mit dem Stößel sorgfältig zerdrücken.

2. Den Tumbler bis zur Hälfte mit gestoßenem Eis füllen und den Rum sowie den Limettensaft dazugießen. Dann alles mit dem Barlöffel ca. 10 Sek. gut verrühren.

3. Glas bis zum Rand mit gestoßenem Eis auffüllen und den Drink mit den Trinkhalmen servieren.

Die Batida *{von bras. bater: schlagen}* ist wie die Caipirinha brasilianisches VOLKSGETRÄNK und keinem speziellen Ursprung zuzuordnen. In ihrer Heimat wird sie mit den FRÜCHTEN der jeweiligen Saison und der in Brasilien allgegenwärtigen GESÜSSTEN KONDENSMILCH zubereitet.

BATIDA DE MARACUJA CLASSIC

fruchtige Erfrischung von der Copacabana

das glas: großer Tumbler (38 cl)

die zutaten: 2 Passionsfrüchte (Maracujas), 2 BL Zuckersirup, 6 cl Cachaça, 2 cl Maracujanektar, 4 cl gesüßte Kondensmilch (nach Wunsch, z. B. »Milchmädchen«), Eiswürfel

die bargeräte: Barlöffel, Shaker, Barmaß, 2 Trinkhalme

1. Die beiden Passionsfrüchte halbieren und das Fruchtfleisch mithilfe des Barlöffels aus den Schalen in den Shaker kratzen. Zuckersirup, Cachaça und Maracujanektar und nach Wunsch die Kondensmilch dazugeben.

2. 6 Eiswürfel dazugeben. Den Shaker fest verschließen und ca. 15 Sek. schütteln. Den kompletten Inhalt des Shakers mit dem Fruchtfleisch der Maracujas und den Eiswürfeln in den Tumbler geben. Mit 2 Trinkhalmen servieren.

geheim tipp Die Brasilianer lieben es süß – sehr süß! Wenn Sie es weniger süß möchten, reduzieren Sie den Zuckeranteil, vor allem wenn Sie das Original mit gesüßter Kondensmilch mixen. Übrigens: Mit Kondensmilch passt die Batida fantastisch zu scharfen Speisen!

DAS PRINZIP BATIDA. Weil aus Cachaça, Fruchtaromen und Zucker EINFACH »GESTRICKT«, können Sie diesen Drink fast beliebig variieren. Jegliches VOLLREIFE OBST ist gut darin aufgehoben – passen Sie den Zuckeranteil einfach der jeweiligen Fruchtsüße an!

BATIDA VAR. 1

Coconut & Raspberry Batida

das glas: großes Cocktailglas (45 cl)

die zutaten: 10 Himbeeren, gestoßenes Eis, 6 cl Cachaça, 1 1/2 cl Himbeersirup, 10 cl ungesüßte Kokosmilch (aus der Dose), 2 BL Kokosflocken

die bargeräte: Standmixer, Barmaß, Barlöffel, 2 Trinkhalme

1. Die Himbeeren waschen und trocken tupfen. Das große Cocktailglas zu drei Vierteln mit gestoßenem Eis füllen und das Eis dann in den Mixer geben.

2. Himbeeren, Cachaça, Himbeersirup, Kokosmilch und Kokosflocken in den Mixer geben und alles auf höchster Stufe ca. 30 Sek. durchmixen (Deckel nicht vergessen!). Den Inhalt des Mixers in das Cocktailglas geben und mit 2 Trinkhalmen servieren.

BATIDA VAR. 2
Mango & Chili Batida

das glas: großes Cocktailglas (45 cl)

die zutaten: 1 reife Mango (ca. 200 g),
1 Stück frische rote Chilischote (ca. 3 cm lang),
gestoßenes Eis, 1 cl Zuckersirup, 6 cl Cachaça,
4 cl gesüßte Kondensmilch (nach Wunsch,
z. B. »Milchmädchen«)

die bargeräte: Standmixer, Barmaß,
2 Trinkhalme

1. Die Mango schälen und das Fruchtfleisch vom
Kern schneiden. Die Chilischote waschen,
trocknen, längs aufschneiden und die Kerne
sowie die weißen Trennhäute entfernen.

2. Das große Cocktailglas zu drei Vierteln mit
gestoßenem Eis füllen und das Eis dann in
den Mixer geben. Mango, Chili, Zuckersirup
und Cachaça und nach Wunsch die Kondensmilch dazugeben.

3. Alles auf höchster Stufe ca. 30 Sek. durchmixen (Deckel nicht vergessen!) und dann in
das Cocktailglas füllen. Den Drink mit den
Trinkhalmen servieren.

NEGRONI CLASSIC

süßlich herber Aperitif

das glas: kleiner Tumbler (20 cl)

die zutaten: 2 cl Gin, 2 cl Campari, 2 cl roter Wermut, Eiswürfel,
1 Stück Schale von 1 Bio-Orange (ca. 4 cm lang und 2 cm breit)

die bargeräte: Barmaß, Barlöffel

1. Gin, Campari und Wermut in den Tumbler geben. Bis zum Glasrand mit Eiswürfeln füllen und alles mit dem Barlöffel ca. 15 Sek. verrühren.

2. Den Glasrand mit der Innenseite der Orangenschale einreiben und die Orangenschale mit in das Glas geben.

Der Negroni erblickte 1919 in Florenz das Licht der Welt. Erfunden hat ihn dort Fosco Scarselli für den Grafen Camillo Negroni. Dieser war eigentlich Fan des Americano (s. S. 28). Aber weil es ihn eines Abends nach etwas Stärkerem dürstete, ersetzte Scarselli das Sodawasser flugs durch Gin. Entstanden ist so einer der weltweit bekanntesten Aperitifcocktails!

KLEINE BARGESCHICHTE

Cocktails wie der Negroni, die nur aus Spirituosen bestehen, sollten immer GERÜHRT werden. Der SAUERSTOFF, der durchs Shaken unter die Flüssigkeit gelangt, würde den Drink trüben, und seine ANGENEHM ÖLIGE KONSISTENZ ginge verloren!

NEGRONI VAR. 1

Americano

das glas: Longdrinkglas (30 cl)

die zutaten: 2 cl Campari, 2 cl roter Wermut, Eiswürfel, Sodawasser zum Aufgießen (s. Tipp S. 43), je 1 Stück Schale von 1 Bio-Orange und -Zitrone (je ca. 4 cm lang und 2 cm breit)

die bargeräte: Barmaß, Barlöffel, Stirrer

1. Den Campari und den Wermut in das Longdrinkglas geben und das Glas bis zum Rand mit Eiswürfeln auffüllen. Mit dem Barlöffel vorsichtig umrühren und das Glas mit Sodawasser auffüllen.

2. Den Glasrand erst mit der Innenseite der Orangen-, dann mit der Innenseite der Zitronenschale einreiben und die Schalenstücke mit in das Glas geben. Den Drink mit dem Stirrer servieren.

NEGRONI VAR. 2
Negroni Sbagliato

das glas: kleiner Tumbler (20 cl)

die zutaten: 2 cl Campari, 2 cl roter Wermut, Eiswürfel, eiskalter Prosecco zum Aufgießen, je 1 Stück Schale von 1 Bio-Orange und -Zitrone (je ca. 4 cm lang und 2 cm breit)

die bargeräte: Barmaß, Barlöffel

1. Den Campari und den Wermut in den Tumbler geben und das Glas bis zum Rand mit Eiswürfeln auffüllen. Alles mit dem Barlöffel vorsichtig verrühren und das Glas mit Prosecco auffüllen.

2. Den Glasrand erst mit der Innenseite der Orangen-, dann mit der Innenseite der Zitronenschale einreiben und die Schalenstücke mit in das Glas geben.

Schon 1862 wurde dieser Drink in Jerry Thomas' *Bartender Guide* namentlich erwähnt. CHAMPAGNER war in den amerikanischen Bars der GOLDGRÄBERÄRA alles andere als ungewöhnlich, und so war es wohl nur eine FRAGE DER ZEIT, bis die Bartender ihn als COCKTAIL-ZUTAT entdeckten.

CHAMPAGNER
COCKTAIL CLASSIC

prickelnde Verführung

das glas: (möglichst vorgekühlter) Champagnerkelch (18 cl)

die zutaten: 1 Zuckerwürfel, 3 Tropfen Angostura Bitter, eiskalter Champagner zum Aufgießen, 1 Stück Schale von 1 Bio-Zitrone (ca. 4 cm lang und 2 cm breit)

1. Den Zuckerwürfel auf einen Unterteller legen und mit dem Angostura beträufeln [Bild 1]. Den Zuckerwürfel dann in den Champagnerkelch geben [Bild 2] und das Glas mit Champagner auffüllen [Bild 3].

2. Den Glasrand mit der Innenseite der Zitronenschale einreiben und die Schale mit ins Glas geben. Den Drink sofort servieren.

*geheim^tipp Dieser Cocktail ist im Grunde nichts anderes als ein leicht gesüßter und gewürzter Champagner. Der verwendete Edelschaumwein sollte daher trocken sein und natürlich von bester Qualität. Und: Für noch mehr Trinkgenuss die Champagnergläser im Kühlschrank ca. 1 Std. vorkühlen!

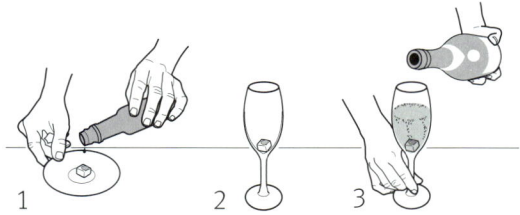

1   2   3

DAS PRINZIP CHAMPAGNER COCKTAIL. Der Champagner Cocktail ist der FERRARI unter den Cocktails: Er benötigt nicht viele Extras, aber freut sich gelegentlich über EINE (EXTRA-)PORTION »SPRIT« – bevorzugt Cognac!

CHAMPAGNER COCKTAIL
VAR. 1

Spiked Champagner Cocktail

das glas: (möglichst vorgekühlter) Champagnerkelch (18 cl)

die zutaten: 1 Zuckerwürfel, 3 Tropfen Angostura Bitter, 2 cl Cognac VSOP, eiskalter Champagner zum Aufgießen, 1 Stück Schale von 1 Bio-Orange (ca. 4 cm lang und 2 cm breit)

die bargeräte: Barmaß

1. Den Zuckerwürfel auf einen Unterteller legen und mit dem Angostura beträufeln. Den Zuckerwürfel dann in den Champagnerkelch geben und den Cognac dazugießen. Mit eiskaltem Champagner auffüllen.

2. Den Glasrand mit der Innenseite der Orangenschale einreiben und die Schale mit ins Glas geben.

CHAMPAGNER COCKTAIL
VAR. 2

Orange-Spiked Champagner Cocktail

das glas: (möglichst vorgekühlter) Champagnerkelch (18 cl)

die zutaten: 1 Zuckerwürfel, 2 Tropfen Angostura Bitter, 2 cl Cognac VSOP, eiskalter Champagner zum Aufgießen, 1 BL Orangenlikör (z. B. Cointreau), 1 Stück Schale von 1 Bio-Orange (ca. 4 cm lang und 2 cm breit)

die bargeräte: Barmaß, Barlöffel

1. Den Zuckerwürfel auf einen Unterteller legen und mit Angostura beträufeln. Zuckerwürfel in den Champagnerkelch geben und den Cognac dazugießen. Das Glas mit Champagner auffüllen und anschließend den Orangenlikör darüberträufeln.

2. Den Glasrand mit der Innenseite der Orangenschale einreiben und die Schale mit ins Glas geben.

Ursprünglich kommt dieser fantastische SOMMERDRINK aus Venedig. Dort wurde er von GUISEPPE CIPRIANI, dem Gründer der berühmten *Harry's Bar,* erfunden und darf sich heute als einer der beliebtesten Schaumweincocktails der Welt RÜHMEN.

BELLINI CLASSIC

italienischer Sommer im Glas

das glas: Sektglas (18 cl)

die zutaten: 1 weißer Pfirsich, eiskalter Prosecco zum Aufgießen

die bargeräte: Pürierstab, Barmaß, Barlöffel

1. Für das Pfirsichpüree den Pfirsich kurz mit kochend heißem Wasser überbrühen.
Aus dem Wasser heben, häuten, entsteinen und das Fruchtfleisch mit dem Pürierstab pürieren.

2. 4 cl Pfirsichpüree abmessen und in das Sektglas gießen. 1 Schuss Prosecco dazugeben.
Mit dem Barlöffel vorsichtig umrühren, mit Prosecco aufgießen und nochmals kurz verrühren.
Sofort servieren.

geheim tipp Im Großhandel und mittlerweile auch in einigen Fein-
kostläden können Sie fertige Fruchtpürees in exzellenter Qualität kaufen. Diese
Pürees enthalten keinerlei Konservierungs- oder Farbstoffe und sind ein groß-
artiger Ersatz für frische weiße Pfirsiche, die hierzulande oft nur schwer erhält-
lich sind. Dosenpfirsiche eignen sich hierfür leider nicht – ihnen fehlt es am
typischen sanft-süßen Aroma und der richtigen Konsistenz.

DAS PRINZIP BELLINI. Dieser Zwei-Zutaten-Cocktail ist so variantenreich wie die Welt der Früchte. Wenn gerade KEINE PFIRSICHSAISON ist, sollten Sie ihn mal mit pürierten HIMBEEREN oder auch LITSCHIS probieren. Ein himmlisches Vergnügen!

BELLINI VAR. 1

Rossini

das glas: Sektglas (18 cl)

die zutaten: 200 g Erdbeeren, eiskalter Prosecco zum Aufgießen

die bargeräte: Pürierstab, Barmaß, Barlöffel

1. Für das Erdbeerpüree die Erdbeeren putzen, waschen, halbieren und dann mit dem Pürierstab pürieren.

2. 4 cl Erdbeerpüree abmessen, in das Sektglas gießen und 1 Schuss Prosecco dazugeben. Mit dem Barlöffel vorsichtig umrühren, mit Prosecco aufgießen und nochmals kurz verrühren. Sofort servieren.

BELLINIVAR. 2
Melba Bellini

das glas: Sektglas (18 cl)

die zutaten: 1 weißer Pfirsich, 200 g Himbeeren, 1 BL Puderzucker, 2 BL Pfirsichlikör, eiskalter Prosecco zum Aufgießen

die bargeräte: Pürierstab, Barlöffel, Barmaß

1. Für das Pfirsichpüree den Pfirsich kurz mit kochend heißem Wasser überbrühen. Aus dem Wasser heben, häuten, entsteinen und das Fruchtfleisch mit dem Pürierstab pürieren. Dann für das Himbeerpüree die Himbeeren vorsichtig waschen, trocken tupfen und samt Puderzucker mit dem Pürierstab pürieren.

2. Von beiden Pürees jeweils 2 cl abmessen und mit dem Pfirsichlikör in das Sektglas geben. Einen Schuss Prosecco dazugießen und alles mit dem Barlöffel vorsichtig verrühren. Mit Prosecco aufgießen und nochmals verrühren.

BRAMBLE CLASSIC

sommerlich frischer Gin-Cocktail

das glas: großer Tumbler (38 cl)

die zutaten: 2 Brombeeren, 5 cl Gin, 2 cl frisch gepresster Zitronensaft, 1 cl Zuckersirup, gestoßenes Eis, 2 BL Brombeerlikör (z. B. von Giffard), 1 Schnitz von 1 Bio-Zitrone

die bargeräte: Barmaß, Barlöffel, 2 Trinkhalme

1. Für die Deko die Brombeeren waschen und trocken tupfen.

2. Gin, Zitronensaft und Zuckersirup in den Tumbler gießen und mit dem Barlöffel ca. 10 Sek. gut verrühren. Anschließend das Glas bis zum Rand mit gestoßenem Eis auffüllen und den Brombeerlikör langsam darüberträufeln.

3. Als Deko den Zitronenschnitz und die Brombeeren mit ins Glas geben und den Drink mit den Trinkhalmen servieren.

Dieser Cocktail ist die Erfindung der britischen Barlegende Dick Bradsell, dem ehemaligen Barchef des *Atlantic Bar & Grill* in London. Obwohl gerade mal 18 Jahre jung, ist der Bramble *{zu Deutsch: Brombeere, Brombeerstrauch}* schon jetzt ein echter Klassiker, der es auf unzählige Barkarten rund um den Globus geschafft hat!

KLEINE BARGESCHICHTE

Jeder Drink ist nur so gut wie jede seiner Zutaten – daher kommt auch in Sachen ZITRONENSAFT nur allerbeste Qualität in Frage. Und das heißt: FRISCH GEPRESST muss er sein, denn pasteurisierter Saft aus der Flasche ist geschmacklich keine Alternative.

DAS PRINZIP BRAMBLE. Sie können diesem aromatischen Sommer-Sonne-Drink einen LEICHTEN TWIST geben, indem Sie den Gin durch eine andere weiße Spirituose ersetzen. Besonders gut funktionieren beispielsweise TEQUILA und CACHAÇA. Und statt Brombeerlikör darf's dann auch mal Crème de Cassis, französischer Johannisbeerlikör, sein.

BRAMBLEVAR. 1
Brambirinha

das glas: großer Tumbler (38 cl)

die zutaten: 6 Brombeeren, 1 cl Zucker-sirup, gestoßenes Eis, 5 cl Gin, 2 cl frisch gepresster Zitronensaft, 2 BL Brombeerlikör (z. B. von Giffard)

die bargeräte: Barmaß, Stößel, Barlöffel, 2 Trinkhalme

1. Die Brombeeren waschen und trocken tupfen. Mit dem Zuckersirup in den Tumbler geben und mit dem Stößel gründlich zerstoßen.

2. Das Glas zur Hälfte mit gestoßenem Eis füllen und die restlichen Zutaten dazugeben. Alles mit dem Barlöffel ca. 10 Sek. gut ver-rühren. Glas bis zum Rand mit gestoßenem Eis auffüllen und den Drink mit den Trink-halmen servieren.

BRAMBLE VAR. 2
Royal Bramble

das glas: großer Tumbler (38 cl)

die zutaten: 2 cl Gin, 1 cl frisch gepresster Zitronensaft, 1 cl Brombeerlikör (z. B. von Giffard), Eiswürfel, eiskalter Champagner zum Aufgießen, 1 Stück Schale von 1 Bio-Zitrone (ca. 4 cm lang und 2 cm breit)

die bargeräte: Barmaß, Barlöffel

1. Gin, Zitronensaft und Brombeerlikör in den Tumbler geben und mit dem Barlöffel ca. 10 Sek. verrühren. Den Tumbler etwa zu drei Vierteln mit Eiswürfeln füllen, alles nochmals verrühren und mit Champagner auffüllen.

2. Den Glasrand mit der Innenseite der Zitronenschale einreiben und die Schale mit ins Glas geben. Sofort servieren.

Der Gin Fizz gehört – wie alle Fizzes – zu den ÄLTESTEN MIXTUREN überhaupt. Schon in Jerry Thomas' *Bartender Guide* von 1862 findet sich ein Rezept dafür. Damals wurde der prickelnde Drink übrigens gerne am Morgen getrunken – als »VITAMINBOMBE« gegen den Kater von gestern und, weil schön säuerlich, als APERITIF vor dem Lunch.

GIN FIZZ CLASSIC

zitronenfrisch mit viel Zisch

das glas: großes Cocktailglas (45 cl)

die zutaten: 6 cl Gin, 3 cl frisch gepresster Zitronensaft, 2 cl Zuckersirup, Eiswürfel, Sodawasser zum Aufgießen (s. Tipp), 3 Scheiben von 1 Bio-Zitrone

die bargeräte: Barmaß, Shaker, Barsieb, 2 Trinkhalme

1. Gin, Zitronensaft und Zuckersirup mit 8 Eiswürfeln in den Shaker geben, diesen fest verschließen und ca. 15 Sek. schütteln. Das Cocktailglas zu drei Vierteln mit Eiswürfeln füllen und den Shakerinhalt durch das Barsieb darübergießen.

2. Das Glas mit Sodawasser auffüllen. Die Zitronenscheiben in Form eines Fächers am Glasrand drapieren und den Drink mit den Trinkhalmen servieren.

*geheim^tipp Für diesen Drink sollten Sie kein »normales« Mineralwasser, sondern Sodawasser nehmen. Aufgrund seines höheren Salz- und Kohlensäuregehalts prickelt der Drink intensiver und macht seinem Namen *{engl. to fizz: zischen}* alle Ehre!

GIN FIZZ VAR. 1

Lychee & Raspberry Fizz

das glas: großes Cocktailglas (45 cl)

die zutaten: 6 Himbeeren, 6 cl Gin, 3 cl frisch gepresster Zitronensaft, 1 cl Litschilikör (z. B. Kwai Feh), 1 BL Zuckersirup, 5 cl Litschi-Fruchtsaftgetränk, Eiswürfel, Sodawasser zum Aufgießen (s. Tipp S. 43)

die bargeräte: Barmaß, Barlöffel, Shaker, Barsieb, 2 Trinkhalme

1. Die Himbeeren waschen und trocken tupfen. Mit dem Gin, Zitronensaft, Litschilikör, Zuckersirup, Litschisaft und 8 Eiswürfeln in den Shaker geben. Diesen fest verschließen und ca. 15 Sek. schütteln.

2. Das Cocktailglas zu drei Vierteln mit Eiswürfeln füllen. Den Inhalt des Shakers durch das Barsieb darübergießen und mit Sodawasser auffüllen. Mit den Trinkhalmen servieren.

GIN FIZZ VAR. 2
Elderflower & Cucumber Fizz

das glas: großes Cocktailglas (45 cl)

die zutaten: 1 Stück Salatgurke
(ca. 4 cm), 6 cl Gin, 3 cl frisch gepresster
Zitronensaft, 2 cl Holunderblütensirup,
Eiswürfel, Sodawasser zum Aufgießen
(s. Tipp S. 43)

die bargeräte: Shaker, Stößel,
Barmaß, Barsieb, 2 Trinkhalme

1. Die Gurke waschen und trocknen. Drei
   dünne Scheiben abschneiden und diese
   beiseitelegen. Das restliche Gurkenstück
   schälen, klein schneiden und im Shakerbecher mit dem Stößel zerdrücken.

2. Gin, Zitronensaft und Holunderblütensirup mit 8 Eiswürfeln ebenfalls in den
   Shaker geben. Diesen fest verschließen
   und ca. 15 Sek. schütteln.

3. Das Cocktailglas zu drei Vierteln mit Eiswürfeln füllen und den Inhalt des Shakers
   durch das Barsieb darübergießen. Mit
   Sodawasser auffüllen. Die Gurken-
   scheiben in Form eines Fächers am
   Glasrand drapieren und den Drink mit
   den Trinkhalmen servieren.

MARTINI COCKTAIL
CLASSIC

trockener Aperitif für Kenner

das glas: (möglichst vorgekühlter) Martinikelch (15 cl)

die zutaten: Eiswürfel, 7 cl Gin oder Wodka, 1 cl trockener Wermut, 1 grüne Olive mit Kern (in Salzlake) oder 1 Stück Schale von 1 Bio-Zitrone (ca. 4 cm lang und 2 cm breit)

die bargeräte: Rührglas, Barmaß, Barlöffel, Barsieb

1. Das Rührglas zu drei Vierteln mit Eiswürfeln füllen. Gin oder Wodka und den Wermut dazugeben. Alles so lange mit dem Barlöffel verrühren, bis das Rührglas beschlägt.

2. Den Inhalt des Rührglases durch das Barsieb in den Martinikelch gießen. Je nach Geschmack die Olive ins Glas geben oder den Glasrand mit der Innenseite der Zitronenschale einreiben und diese mit ins Cocktailglas geben.

Vor 150 Jahren sah das Martinirezept noch ganz anders aus: Der Cocktailklassiker wurde mit einem hohen Anteil süßen Wermuts zubereitet und nicht mit einer Olive, sondern einer Zitronenzeste garniert. Erst ab ca. 1906 wurde er dann immer trockener getrunken, und in den 1950er-Jahren musste der Gin gar dem Wodka weichen.

KLEINE BARGESCHICHTE

Auf vielen Cocktailkarten finden sich heutzutage eine ganze Reihe von »Martini-Cocktails«. Diese haben jedoch MEIST NICHTS mit dem ORIGINAL zu tun, hier steht nur der Name des Glases Pate: nämlich der MARTINIKELCH!

MARTINI COCKTAIL VAR. 1

Golden Gibson

das glas: (möglichst vorgekühlter) Martinikelch (15 cl)

die zutaten: 3 Perlzwiebeln (aus dem Glas), Eiswürfel, 6 cl Gin, 1 cl trockener Wermut, 1 cl Bénédictine (franz. Kräuterlikör), 2 Tropfen Orange Bitter

die bargeräte: Cocktailspieß, Rührglas, Barmaß, Barlöffel, Barsieb

1. Die Perlzwiebeln auf den Cocktailspieß stecken. Das Rührglas zu drei Vierteln mit Eiswürfeln füllen. Gin, Wermut, Bénédictine und Orange Bitter dazugeben. Alles so lange mit dem Barlöffel verrühren, bis das Rührglas beschlägt.

2. Den Inhalt des Rührglases durch das Barsieb in den Martinikelch gießen. Den Cocktailspieß auf den Glasrand legen und den Drink sofort servieren.

MARTINI COCKTAIL VAR. 2

Breakfast Martini

das glas: (möglichst vorgekühlter) Martinikelch (15 cl)

die zutaten: 1 Scheibe getoastetes Toastbrot, 3 BL Orangenmarmelade, 5 cl Gin, 1 cl Orangenlikör (z. B. Cointreau), 2 1/2 cl frisch gepresster Zitronensaft, Eiswürfel

die bargeräte: Barlöffel, Barmaß, Shaker, Barsieb

1. Aus der Toastbrotscheibe ein ca. 5 x 5 cm großes Quadrat ausschneiden.

2. Orangenmarmelade, Gin, Orangenlikör und Zitronensaft in den Shaker geben und alles mit dem Barlöffel ohne Eis verrühren, bis sich die Marmelade aufgelöst hat. 8 Eiswürfel dazugeben. Den Shaker fest verschließen und ca. 15 Sek. schütteln.

3. Den Inhalt des Shakers durch das Barsieb in den Martinikelch gießen. Das Toastbrotquadrat an einer Kantenmitte einschneiden und an den Glasrand stecken.

Das erste Rezept dieses Drinks wurde 1922 in einem Barbuch veröffentlicht – damals noch unter dem Namen *Straits Sling*. Die heute so populäre FRUCHTIGERE VERSION entstand erst in den 1970er-Jahren. Geburtsort: das *Raffles Hotel* in Singapur.

SINGAPORE SLING
CLASSIC

fruchtig-herber Evergreen

das glas: großes Cocktailglas (45 cl)

die zutaten: 5 cl Gin, 1 1/2 cl Kirschlikör, 2 BL Bénédictine (franz. Kräuterlikör), 2 1/2 cl frisch gepresster Zitronensaft, 2 Tropfen Angostura Bitter, Eiswürfel, Sodawasser zum Aufgießen (s. Tipp S. 43), 1 Schnitz von 1 Bio-Zitrone, 1 Cocktailkirsche

die bargeräte: Barmaß, Shaker, Barsieb, 2 Trinkhalme

1. Gin, Kirschlikör, Bénédictine, Zitronensaft und Angostura mit 8 Eiswürfeln in den Shaker geben. Den Shaker fest verschließen und ca. 15 Sek. schütteln. Das Cocktailglas zu drei Vierteln mit Eiswürfeln füllen.

2. Den Inhalt des Shakers durch das Barsieb in das Cocktailglas gießen und mit Sodawasser auffüllen. Zitronenschnitz und Cocktailkirsche ins Glas geben, sodass sie auf den Eiswürfeln schwimmen. Den Drink mit den Trinkhalmen servieren.

geheimtipp

Wenn in Cocktailrezepten kohlensäurehaltige Getränke wie hier z. B. Sodawasser verwendet werden: Diese niemals mitschütteln, da der dabei entstehende Druck den Shaker förmlich explodieren lassen kann!

DAS PRINZIP SINGAPORE SLING. Dieser Cocktail kommt RELATIV HERB daher. Sie können ihn fruchtiger gestalten, indem Sie das Sodawasser durch ANANASSAFT oder auch MARACUJANEKTAR ersetzen. Wenn Sie es noch EINE SPUR WÜRZIGER mögen, gießen Sie ihn mal mit asiatischer Ingwerlimonade auf!

SINGAPORE SLINGVAR. 1

Raffles Hotel Singapore Sling

das glas: großes Cocktailglas (45 cl)

die zutaten: 5 cl Gin, 1 cl Kirschlikör, 1 BL Bénédictine (franz. Kräuterlikör), 1 cl Orangenlikör (z. B. Cointreau), 2 1/2 cl frisch gepresster Zitronensaft, 2 Tropfen Angostura Bitter, 10 cl Ananassaft, Eiswürfel, 1/4 Scheibe frische Ananas, 1 Cocktailkirsche

die bargeräte: Barmaß, Barlöffel, Shaker, Barsieb, 2 Trinkhalme

1. Gin, Kirschlikör, Bénédictine, Orangenlikör, Zitronensaft, Angostura und Ananassaft mit 8 Eiswürfeln in den Shaker geben. Diesen fest verschließen und ca. 15 Sek. schütteln. Dann das Glas zu drei Vierteln mit Eiswürfeln füllen.

2. Den Inhalt des Shakers durch das Barsieb in das Cocktailglas gießen. Die Ananasscheibe einschneiden und an den Glasrand stecken. Die Cocktailkirsche ins Glas geben und den Drink mit den Trinkhalmen servieren.

SINGAPORE SLING VAR. 2

Royal Singapore Sling

das glas: großes Cocktailglas (45 cl)

die zutaten: 5 cl Gin, 1 cl Kirschlikör,
1 BL Bénédictine (franz. Kräuterlikör),
1 cl Orangenlikör (z. B. Cointreau),
1 1/2 cl frisch gepresster Zitronensaft,
2 Tropfen Angostura Bitter, Eiswürfel,
eiskalter Champagner zum Aufgießen,
1 Cocktailkirsche

die bargeräte: Barmaß, Barlöffel,
Shaker, Barsieb, 2 Trinkhalme

1. Gin, Kirschlikör, Bénédictine, Orangenlikör,
Zitronensaft und Angostura mit 8 Eiswürfeln
in den Shaker geben. Den Shaker fest verschließen und ca. 15 Sek. schütteln.

2. Das Cocktailglas zu drei Vierteln mit Eiswürfeln füllen. Den Inhalt des Shakers durch
das Barsieb in das Cocktailglas gießen und
das Glas mit Champagner auffüllen. Die
Cocktailkirsche ins Glas geben und den Drink
mit den Trinkhalmen servieren.

Die Heimat der Piña Colada *{span. gesiebte Ananas}* liegt in Puerto Rico, genauer gesagt im *Caribe Hilton*. Hier wurde sie 1954 erfunden und war so erfolgreich, dass man sie 24 Jahre später zum OFFIZIELLEN STAATSGETRÄNK des Eilands erkor.

PIÑA COLADACLASSIC

cremig, süß – karibisch!

das glas: großes Cocktailglas (45 cl)

die zutaten: 1 Scheibe frische Ananas (ca. 150 g), gestoßenes Eis, 6 cl weißer Rum, 2 BL Zuckersirup, 10 cl ungesüßte Kokosmilch (aus der Dose), 2 mittelgroße Ananasblätter

die bargeräte: Standmixer, Barmaß, Barlöffel, 2 Trinkhalme

1. Von der Ananasscheibe die Schale wegschneiden und das Fruchtfleisch klein würfeln.

2. Das Cocktailglas zu drei Vierteln mit gestoßenem Eis füllen und das Eis dann in den Mixer geben. Die Ananasstücke, den Rum, den Zuckersirup und die Kokosmilch dazugeben und alles auf höchster Stufe ca. 20 Sek. durchmixen (Deckel nicht vergessen!).

3. Den Inhalt des Mixers in das Cocktailglas gießen. Die Ananasblätter an den inneren Glasrand stecken und den Drink mit den Trinkhalmen servieren.

geheim tipps

Die Originalrezeptur der Piña Colada kommt gänzlich ohne Sahne aus und wird aus frischer Ananas, weißem Rum und Kokospüree zubereitet. Die Alternative zwischen Sahne und Kokospüree heißt Kokosmilch – sie macht den Drink cremig genug und ist wesentlich »schlanker« als Sahne.

Übrigens können Sie diesen Drink selbstverständlich auch mit Ananassaft zubereiten, aber: Das Geschmacksgeheimnis liegt im Aroma einer reifen frischen Ananas!

DAS PRINZIP COLADA. Die Basiszutaten Rum und Kokosmilch erlauben so gut wie jedes Fruchtaroma. Ob Sie nun heimische HIMBEEREN für säuerliche Frische oder saftig-süße Mango für EINEN HAUCH EXOTIK mitmixen – die Colada ist in jedem Fall PERFEKT an heißen Tagen!

PINA COLADA VAR. 1
Thai Colada

das glas: großes Cocktailglas (45 cl)

die zutaten: 5–6 Blätter Thai-Basilikum, 1 Scheibe frische Ananas (ca. 150 g), gestoßenes Eis, 6 cl weißer Rum, 2 BL Zuckersirup, 10 cl ungesüßte Kokosmilch (aus der Dose), 1 Messerspitze gemahlener Sternanis, 1 Stängel Thai-Basilikum

die bargeräte: Standmixer, Barmaß, Barlöffel, 2 Trinkhalme

1. Die Basilikumblätter kalt abspülen und trocken tupfen. Von der Ananasscheibe die Schale wegschneiden und das Fruchtfleisch klein würfeln. Das Cocktailglas zu drei Vierteln mit gestoßenem Eis füllen und das Eis dann in den Mixer geben.

2. Basilikum, Ananas, Rum, Zuckersirup, Kokosmilch und Sternanis dazugeben. Alles auf höchster Stufe ca. 20 Sek. durchmixen (Deckel nicht vergessen!). Mischung ins Cocktailglas gießen. Basilikumstängel an den inneren Glasrand stecken, den Drink mit den Trinkhalmen servieren.

PIÑA COLADA VAR. 2

Pimped Piña Colada

das glas: großes Cocktailglas (45 cl)

die zutaten: 1 Scheibe frische Ananas (ca. 150 g), 2 BL brauner Zucker, 2 BL hochprozentiger Rum (73 % vol.), gestoßenes Eis, 6 cl brauner Rum, 10 cl ungesüßte Kokosmilch (aus der Dose), 1/4 Scheibe frische Ananas

die bargeräte: kleine Pfanne, Barlöffel, lange Streichhölzer, Standmixer, Barmaß, 2 Trinkhalme

1. Von der Ananasscheibe die Schale wegschneiden und das Fruchtfleisch klein würfeln. Die Pfanne auf dem Herd heiß werden lassen. Die Ananaswürfel mit dem Zucker in die Pfanne geben, bei mittlerer Hitze in ca. 3–4 Min. karamellisieren. Die Pfanne vom Herd nehmen, den hochprozentigen Rum in die Pfanne gießen, mit einem langen Streichholz anzünden und flambieren. Dabei bitte Vorsicht walten lassen!

2. Pfanneninhalt in den Mixer geben. Das Cocktailglas zu drei Vierteln mit gestoßenem Eis füllen und das Eis dann in den Mixer geben. Braunen Rum und Kokosmilch dazugeben und alles auf höchster Stufe ca. 20 Sek. durchmixen (Deckel nicht vergessen!). Mischung ins Cocktailglas gießen. Ananas einschneiden und an den Glasrand stecken, Drink mit den Trinkhalmen servieren.

DAIQUIRI CLASSIC

kubanisch-frisch

das glas: (möglichst vorgekühlte) Cocktailschale (20 cl)

die zutaten: 6 cl kubanischer weißer Rum, 3 cl frisch gepresster Limettensaft, 2 cl Zuckersirup, Eiswürfel

die bargeräte: Barmaß, Shaker, Barsieb

1. Rum, Limettensaft, Zuckersirup und 8 Eiswürfel in den Shaker geben. Den Shaker fest verschließen und ca. 15 Sek. schütteln.

2. Den Inhalt des Shakers durch das Barsieb in die Cocktailschale gießen. Den Drink sofort servieren.

Benannt ist der Daiquiri nach der gleichnamigen Stadt auf Kuba.
Dort arbeiteten um 1898 zwei amerikanische Minen-Ingenieure,
denen dieser Drink zugeschrieben wird.
Die Mixtur aus Rum, Limetten, Zucker und Wasser
war der kubanischen Bevölkerung allerdings schon wesentlich
länger bekannt.

KLEINE BARGESCHICHTE

Bei gerade mal drei Zutaten ist die QUALITÄT jeder einzelnen entscheidend für einen PERFEKTEN Daiquiri! Was für den LIMETTENSAFT natürlich heißt: Frisch gepresst muss er sein!

DAS PRINZIP DAIQUIRI. Wenn Sie ein wenig in die WEITE WELT des Rums eintauchen wollen, er Ihnen pur aber ZU STARK ist, liegen Sie mit dem Daiquiri genau richtig. Denn er kann nicht nur mit leichtem KUBANISCHEM RUM. Mixen Sie ihn zum Vergleich auch einmal mit einem gealterten Rum aus JAMAIKA!

DAIQUIRI VAR. 1
Orange & Ginger Daiquiri

das glas: (möglichst vorgekühlte) Cocktailschale (20 cl)

die zutaten: 1 Stück frischer Ingwer (ca. 1 cm lang), 6 cl kubanischer goldener Rum (3 Jahre alt), 3 cl frisch gepresster Limettensaft, 2 BL Orangenmarmelade, Eiswürfel

die bargeräte: Stößel, Shaker, Barmaß, Barlöffel, Barsieb

1. Den Ingwer schälen, in zwei ca. 1/2 cm dicke Scheiben schneiden und mit dem Stößel im Shaker andrücken.

2. Rum, Limettensaft, Orangenmarmelade und 8 Eiswürfel in den Shaker geben. Den Shaker fest verschließen und ca. 15 Sek. schütteln. Den Inhalt des Shakers durch das Barsieb in die Cocktailschale gießen.

DAIQUIRI VAR. 2
Cardamom Mulata

das glas: (möglichst vorgekühlte)
Cocktailschale (20 cl)

die zutaten: 4 1/2 cl kubanischer
brauner Rum (7 Jahre alt), 1 1/2 cl Crème de
Cacao braun, 1 BL Zuckersirup, 3 cl frisch
gepresster Limettensaft, 1 Messerspitze
gemahlener Kardamom, Eiswürfel,
1 Stück Schale von 1 Bio-Limette
(ca. 4 cm lang und 2 cm breit)

die bargeräte: Barmaß, Barlöffel,
Shaker, Barsieb

1. Rum, Crème de Cacao, Zuckersirup, Limettensaft und Kardamom mit 8 Eiswürfeln in den
Shaker geben. Den Shaker fest verschließen
und ca. 15 Sek. schütteln. Den Inhalt des
Shakers durch das Barsieb in die Cocktailschale gießen.

2. Den Glasrand mit der Innenseite der Limettenschale einreiben und die Schale mit ins Glas
geben. Den Drink sofort servieren.

Der Mojito ist neben dem Daiquiri SYNONYM für kubanische Cocktail-
kultur. Erstmals schriftlich erwähnt wurde er 1931 als »RUM COCKTAIL«
in einem kubanischen Kochbuch. Während seiner Zeit in Havanna
pflegte ERNEST HEMINGWAY seinen Lieblingsdrink in der *Bodeguita
del Medio* zu sich zu nehmen.

MOJITO CLASSIC

mit allen Aromen Kubas

das glas: großes Cocktailglas (45 cl)

die zutaten: 10 Blätter frische Minze, 6 cl kubanischer weißer Rum, 2 cl Zuckersirup,
3 cl frisch gepresster Limettensaft, gestoßenes Eis, Sodawasser zum Abspritzen (s. Tipp S. 43),
1 Stängel Minze

die bargeräte: Barmaß, Barlöffel, 2 Trinkhalme

1. Die Minzeblätter kalt abspülen und trocken tupfen [Bild 1]. Dann in die Handinnenfläche legen
[Bild 2] und mit der anderen Hand kräftig anklatschen [Bild 3].

2. Minzeblätter, Rum, Zuckersirup und Limettensaft in das Cocktailglas geben und bis zur Hälfte mit
gestoßenem Eis auffüllen. Alles mit dem Barlöffel gut verrühren, bis das Glas beschlägt. Dann das
Glas bis zum Rand mit weiterem gestoßenem Eis auffüllen.

3. Den Drink mit Sodawasser abspritzen (d. h. mit einem kleinen Schuss Wasser von ca. 2–3 cl auffüllen). Die Minze an den inneren Glasrand stecken und den Drink mit den Trinkhalmen servieren.

geheim tipp
  Die Zellstruktur der Minze-
blätter sollte nicht mit zu viel Gewalt zerstört werden,
sonst schmecken sie bitter. Es reicht daher vollkommen
aus, die ätherischen Öle der Blätter durch »Anklatschen« (s. rechts) oder durch die Reibung mit dem
gestoßenen Eis zu lösen.

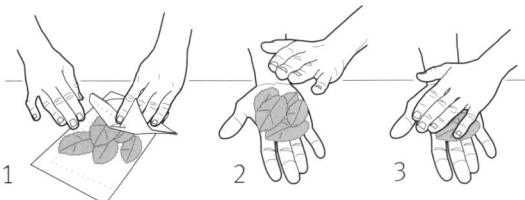

1   2   3

DAS PRINZIP MOJITO. Der Mojito ist ein LEICHT WANDELBARER Drink. Sie können die Minze teilweise durch andere frische Kräuter wie ZITRONENMELISSE oder SALBEI austauschen oder aber frische Früchte und Fruchtpürees dazugeben. Das macht den Mojito ZUM STAR Ihrer Cocktailparty!

MOJITOVAR. 1
Lemonbalm Mojito

das glas: großes Cocktailglas (45 cl)

die zutaten: 10 Blätter Zitronenmelisse, 6 cl kubanischer weißer Rum, 2 cl Zuckersirup, 3 cl frisch gepresster Limettensaft, gestoßenes Eis, Sodawasser zum Abspritzen (s. Tipp S. 43), 1 Stängel Zitronenmelisse

die bargeräte: Barmaß, Barlöffel, 2 Trinkhalme

1. Melisse kalt abspülen, trocken tupfen. Blätter in die Handinnenfläche legen, mit der anderen Hand kräftig anklatschen (s. Tipp S. 63).

2. Zitronenmelisse, Rum, Zuckersirup und Limettensaft in das Cocktailglas geben und bis zur Hälfte mit gestoßenem Eis auffüllen. Alles mit dem Barlöffel gut verrühren, bis das Glas beschlägt. Das Glas bis zum Rand mit weiterem gestoßenem Eis auffüllen.

3. Mit Sodawasser abspritzen (d. h. mit einem kleinen Schuss Wasser von ca. 2–3 cl auffüllen), die Melisse an den inneren Glasrand stecken und den Drink mit den Trinkhalmen servieren.

MOJITOVAR. 2
Raspberry Mojito

das glas: großes Cocktailglas (45 cl)

die zutaten: 8 Himbeeren, 10 Blätter frische Minze, 6 cl kubanischer weißer Rum, 2 cl Zuckersirup, 3 cl frisch gepresster Limettensaft, gestoßenes Eis, Sodawasser zum Abspritzen (s. Tipp S. 43)

die bargeräte: Stößel, Barmaß, Barlöffel, 2 Trinkhalme

1. Die Himbeeren und die Minzeblätter waschen und trocken tupfen. 6 Himbeeren ins Cocktailglas geben und mit dem Stößel zerdrücken. Die Minzeblätter in die Handinnenfläche legen und mit der anderen Hand kräftig anklatschen (s. Tipp S. 63).

2. Minze, Rum, Zuckersirup und Limettensaft ins Glas geben. Das Glas bis zur Hälfte mit gestoßenem Eis auffüllen. Alles mit dem Barlöffel verrühren, bis das Glas beschlägt. Glas bis zum Rand mit weiterem gestoßenem Eis auffüllen.

3. Den Drink mit Sodawasser abspritzen (d. h. mit einem kleinen Schuss Wasser von ca. 2–3 cl auffüllen). Die übrigen Himbeeren ins Glas geben, sodass sie auf dem Eis schwimmen. Den Drink mit den Trinkhalmen servieren.

PLANTER'S PUNCH
CLASSIC

feinfruchtiger Tropendrink

das glas: großes Cocktailglas (45 cl)

die zutaten: 6 cl brauner Jamaika-Rum, 2 cl frisch gepresster Limettensaft, 4 cl frisch gepresster Orangensaft, 4 cl Ananassaft, 1 cl Grenadinesirup, Eiswürfel, Muskatnuss

die bargeräte: Barmaß, Shaker, Barsieb, Muskatreibe, 2 Trinkhalme

1. Rum, Limettensaft, Orangensaft, Ananassaft und Grenadine mit 8 Eiswürfeln in den Shaker geben. Den Shaker fest verschließen und ca. 15 Sek. schütteln.

2. Das Cocktailglas zu drei Vierteln mit Eiswürfeln füllen und den Inhalt des Shakers durch das Barsieb in das Glas gießen. Mit der Muskatreibe 1 Prise Muskat darüberreiben und den Drink mit den Trinkhalmen servieren.

Der Name »Punch« leitet sich vom Hindustanischen »panch« ab und bedeutet »5« – was sich auf die Menge der Komponenten bezieht, die einen Punch ausmachen: »One of sour, two of sweet, three of strong and four of weak, five drops of bitters, nutmeg spice, serve well chilled with lots of ice.«

KLEINE BARGESCHICHTE

Früher waren Punches keine Portionsdrinks, sondern wurden in einer großen BOWLESCHÜSSEL serviert: Die Zutaten in entsprechender Menge in einer Bowleschüssel ohne Eis verrühren und 3 Std. KALT STELLEN. In kleinen Gläsern mit Eiswürfeln servieren.

DAS PRINZIP PUNCH. Früher bestand ein Punch meist aus RUM, Limetten, Zucker, TEE und GEWÜRZEN. Eine feste Rezeptur gab es aber nicht. Man bediente sich dessen, was gerade zur Hand war. So können auch Sie den Punch GANZ NACH GESCHMACK variieren und z. B. den Tee durch Saft ersetzen.

PLANTER'S PUNCH VAR. 1
Ti Punch

das glas: kleiner Tumbler (20 cl)

die zutaten: 1 Bio-Limette, 5 cl Rhum Agricole, 2 cl Zuckersirup, Eiswürfel

die bargeräte: Barmaß, Barlöffel, Stirrer

1. Limette heiß waschen und trocknen. Mit einem Messer die beiden Enden abschneiden, die Limette achteln. Limettenachtel über dem Tumbler ausdrücken, mit ins Glas geben.

2. Den Rhum Agricole und den Zuckersirup dazugießen und das Glas bis zum Rand mit Eiswürfeln füllen. Mit dem Barlöffel alles gut verrühren und den Drink mit dem Stirrer servieren.

PLANTER'S PUNCH VAR. 2
Reggae Rum Punch

das glas: großes Cocktailglas (45 cl)

die zutaten: 2 Passionsfrüchte (Maracujas), 6 cl brauner Jamaika-Rum, 2 cl frisch gepresster Limettensaft, 4 cl frisch gepresster Pink Grapefruitsaft, 2 cl Mandelsirup, Eiswürfel, 1/2 Scheibe von 1 Bio-Grapefruit

die bargeräte: Barlöffel, Shaker, Barmaß, Barsieb, 2 Trinkhalme

1. Die Passionsfrüchte halbieren und den Inhalt mit Hilfe des Barlöffels aus den Schalen in den Shaker kratzen. Den Rum, den Limettensaft, den Grapefruitsaft und den Mandelsirup mit 8 Eiswürfeln dazugeben. Den Shaker gut verschließen und ca. 15 Sek. schütteln.

2. Das Cocktailglas zu drei Vierteln mit Eiswürfeln füllen. Den Inhalt des Shakers durch das Barsieb in das Glas gießen. Die Grapefruitscheibe einschneiden und an den Glasrand stecken. Den Drink mit den Trinkhalmen servieren.

Die Margarita *{span. Gänseblümchen}* wurde erstmals 1953 im amerikanischen *Esquire Magazine* erwähnt. Jedoch rühmten sich zu diesem Zeitpunkt schon MEHRERE BARTENDER links und rechts der amerikanisch-mexikanischen Grenze mit der ERFINDUNG dieses Cocktails. Wer es tatsächlich war? Wir werden es wohl NIE ERFAHREN!

MARGARITA CLASSIC

erfrischender Mexiko-Import

das glas: Cocktailschale (20 cl)

die zutaten: Salz, 1/2 Bio-Limette, 6 cl Blanco Tequila (100 % Agave), 2 cl Triple Sec, 2 cl frisch gepresster Limettensaft, Eiswürfel

die bargeräte: Barmaß, Shaker, Barsieb

1. Das Salz auf einen kleinen flachen Teller geben [Bild 1]. Den Rand der Cocktailschale nur außen am Limettenfruchtfleisch entlangführen [Bild 2] und dann in das Salz tupfen [Bild 3], sodass ein feiner Salzrand entsteht (s. Tipps).

2. Tequila, Triple Sec und Limettensaft mit 8 Eiswürfeln in den Shaker geben. Den Shaker fest verschließen und ca. 15 Sek. schütteln. Den Inhalt des Shakers durch das Barsieb in die Cocktailschale gießen.

✳geheim ^tipps^ Tequila, Mexikos Nationalspirituose, wird aus fermentiertem Agavenzucker destilliert. Achten Sie beim Einkauf darauf, dass auf dem Flaschenlabel »100 % Agave« steht – so haben Sie garantiert ein Qualitätsprodukt!
Vorsicht beim Salzrand: Das Salz sollte nur die Außenseite des Glasrandes zieren, sonst ist schnell der ganze Cocktail versalzen!

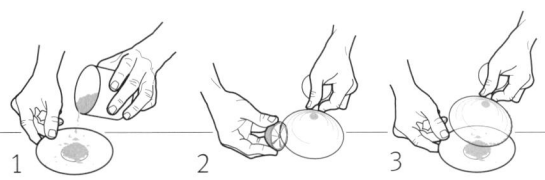

DAS PRINZIP MARGARITA. Wenn Sie der erfrischend HERBEN MEXIKANERIN eine neue Geschmacksrichtung geben wollen, schütteln Sie einfach mal MEDITERRANE KRÄUTER (z. B. Rosmarin oder Thymian) mit. Sie passen wunderbar zur RAUCHIGEN NOTE des Tequilas.

MARGARITAVAR. 1
Tommy's Margarita

das glas: Cocktailschale (20 cl)

die zutaten: 6 cl Blanco Tequila (100 % Agave), 2 cl frisch gepresster Limettensaft, 2 BL Agavendicksaft, Eiswürfel, 1 Stück Schale von 1 Bio-Limette (ca. 4 cm lang und 2 cm breit)

die bargeräte: Barmaß, Barlöffel, Shaker, Barsieb

1. Tequila, Limettensaft und Agavendicksaft mit 8 Eiswürfeln in den Shaker geben. Shaker fest verschließen, ca. 15 Sek. schütteln. Shakerinhalt durch das Barsieb in die Cocktailschale gießen.

2. Den Glasrand mit der Innenseite der Limettenschale einreiben und die Schale mit ins Glas geben. Den Drink sofort servieren.

*geheim*tipp Diese Margarita-Version aus *Tommy's Restaurant* in San Francisco ist – aufgrund des Fruchtzuckers des Agavendicksaftes – sogar bedingt für Diabetiker geeignet.

MARGARITAVAR. 2

Pear & Cinnamon Margarita

das glas: Cocktailschale (20 cl)

die zutaten: 6 cl Reposado Tequila
(100 % Agave), 3 cl naturtrüber Birnensaft,
2 BL Agavendicksaft, 2 cl frisch gepresster
Limettensaft, 1 Messerspitze Zimtpulver,
Eiswürfel, 1 längliche dünne Spalte von
1 Bio-Birne (ca. 1/2 cm dick)

die bargeräte: Barmaß, Barlöffel,
Shaker, Barsieb

1. Tequila, Birnensaft, Agavendicksaft, Limettensaft und Zimt mit 8 Eiswürfeln in den Shaker
geben. Den Shaker fest verschließen und ca.
15 Sek. schütteln. Anschließend den Shakerinhalt durch das Barsieb in die Cocktailschale gießen.

2. Die Birnenspalte einschneiden und an den
Glasrand stecken. Den Drink sofort servieren.

Nach einem Stadtteil der Ostküsten-Metropole benannt, ist der Manhattan der BERÜHMTESTE COCKTAIL im »New-York-Trio« – weder der Bronx noch der Brooklyn können ihm DAS WASSER REICHEN. Wer ihn Ende des 19. Jahrhunderts erfunden hat, ist bis heute unklar, aber er gilt neben dem Martini als der INBEGRIFF eines Cocktails.

MANHATTAN CLASSIC

würziger Drink für alle Gelegenheiten

das glas: (möglichst vorgekühlter) Martinikelch (15 cl)

die zutaten: Eiswürfel, 6 cl American Rye oder Bourbon Whiskey, 3 cl roter Wermut, 2 Tropfen Angostura Bitter, 1 Stück Schale von 1 Bio-Zitrone (ca. 4 cm lang und 2 cm breit)

die bargeräte: Rührglas, Barmaß, Barlöffel, Barsieb

1. 8 Eiswürfel in das Rührglas geben [Bild 1]. Anschließend den Whiskey, den Wermut und den Angostura dazugeben und alles mit gleichmäßigen Bewegungen mit dem Barlöffel so lange verrühren, bis das Rührglas beschlägt [Bild 2].

2. Den Inhalt des Rührglases durch das Barsieb in den Martinikelch gießen [Bild 3]. Den Glasrand mit der Innenseite der Zitronenschale einreiben und die Schale mit ins Glas geben.

*geheim*tipp* In vielen Bars wird für den Manhattan ein relativ leichter Canadian Whisky benutzt, der sich aber nur durch die Prohibition und dem damit verbundenen Produktionsstopp anstelle des amerikanischen Whiskeys in das Rezept einschmuggeln konnte. Machen Sie ihn lieber naturgetreu: mit amerikanischem Rye oder Bourbon Whiskey für ein volles Aroma!

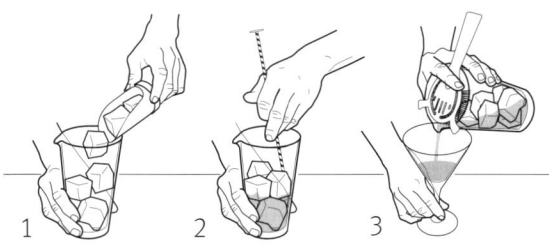

DAS PRINZIP MANHATTAN. Sie können den Manhattan leicht variieren, indem Sie statt der Basisspirituose Whiskey einen GEALTERTEN RUM oder einen guten COGNAC nehmen. Und wenn Sie den Cocktail TROCKENER GENIESSEN möchten, ersetzen Sie einfach einen Teil des süßen roten Wermuts durch trockenen weißen.

MANHATTANVAR. 1
Rum Manhattan

das glas: (möglichst vorgekühlter) Martinikelch (15 cl)

die zutaten: Eiswürfel, 6 cl Guyana Rum (12 Jahre alt), 2 cl roter Wermut, 2 Tropfen Orange Bitter, 1 Stück Schale von 1 Bio-Orange (ca. 4 cm lang und 2 cm breit)

die bargeräte: Rührglas, Barmaß, Barlöffel, Barsieb

1. 8 Eiswürfel in das Rührglas geben. Den Rum, den Wermut und den Orange Bitter dazugeben und alles mit dem Barlöffel mit gleichmäßigen Bewegungen so lange verrühren, bis das Rührglas beschlägt.

2. Den Inhalt des Rührglases durch das Barsieb in den Martinikelch gießen. Den Glasrand mit der Innenseite der Orangenschale einreiben und die Schale mit ins Glas geben.

MANHATTAN VAR. 2
Brooklyn

das glas: (möglichst vorgekühlter) Martinikelch (15 cl)

die zutaten: Eiswürfel, 6 cl American Rye oder Bourbon Whiskey, 2 cl trockener Wermut, 1 cl roter Wermut, 1 BL Maraschino, 2 Tropfen Angostura Bitter, 1 Stück Schale von 1 Bio-Zitrone (ca. 4 cm lang und 2 cm breit)

die bargeräte: Rührglas, Barmaß, Barlöffel, Barsieb

1. 8 Eiswürfel in das Rührglas geben. Den Whiskey, beide Wermutsorten, den Maraschino und den Angostura dazugeben und alles mit dem Barlöffel mit gleichmäßigen Bewegungen so lange verrühren, bis das Rührglas beschlägt.

2. Den Inhalt des Rührglases durch das Barsieb in den Martinikelch gießen. Den Glasrand mit der Innenseite der Zitronenschale einreiben und die Schale mit ins Glas geben.

OLD FASHIONED
CLASSIC

der würzige Inbegriff des Cocktails

das glas: kleiner Tumbler (20 cl)

die zutaten: 6 cl American Rye oder Bourbon Whiskey, 1 BL Zuckersirup, 2 Tropfen Angostura Bitter, Eiswürfel, 1 Stück Schale von 1 Bio-Zitrone (ca. 4 cm lang und 2 cm breit)

die bargeräte: Barmaß, Barlöffel

1. Whiskey, Zuckersirup und Angostura mit 3 Eiswürfeln in den Tumbler geben und mit dem Barlöffel gleichmäßig ca. 30 Sek. verrühren. Das Glas bis zum Rand mit Eiswürfeln auffüllen und alles weitere 30 Sek. verrühren.

2. Den Glasrand mit der Innenseite der Zitronenschale einreiben und die Schale mit ins Glas geben.

Der Old Fashioned hat seine Heimat in den USA und wurde schon 1862 im ersten Cocktailbuch der Welt, dem *Bartender's Guide* von Jerry Thomas erwähnt – damals noch als »Whiskey Cocktail«. Er steht mit seinen Zutaten stellvertretend für die 1806 erstmals schriftlich erwähnte Definition eines Cocktails (Spirituose, Zucker, Wasser bzw. Eis und Bitter).

KLEINE BARGESCHICHTE

Der Old Fashioned gehört zu den richtig STARKEN DRINKS. Um sich »öffnen« und seine AROMEN entfalten zu können, braucht er das SCHMELZWASSER der Eiswürfel. Rühren Sie also ruhig ein wenig länger, und sparen Sie nicht am Eis!

DAS PRINZIP OLD FASHIONED. Letzten Endes ist der Old Fashioned nichts anderes als GEWÜRZTER WHISKEY. Weswegen die Qualität der Basisspirituose natürlich ganz entscheidend ist! Für ein NEUES GESCHMACKSPROFIL können Sie statt Whiskey auch mal Scotch oder sogar Gin hernehmen.

OLD FASHIONEDVAR. 1

Rosemary Old Fashioned

das glas: kleiner Tumbler (20 cl)

die zutaten: 1 Zweig frischer Rosmarin, 6 cl American Rye oder Bourbon Whiskey, 1 BL Zuckersirup, 2 Tropfen Angostura Bitter, 2 Tropfen Orange Bitter, Eiswürfel

die bargeräte: Stößel, Barmaß, Barlöffel

1. Den Rosmarinzweig waschen, trocken schütteln und in den Tumbler geben. Mit dem Stößel leicht andrücken.

2. Den Whiskey, den Zuckersirup, den Angostura und den Orange Bitter mit 3 Eiswürfeln dazugeben und alles mit dem Barlöffel gleichmäßig ca. 30 Sek. verrühren.

3. Das Glas bis zum Rand mit Eiswürfeln auffüllen und alles weitere 30 Sek. verrühren. Den Drink sofort servieren.

OLD FASHIONED VAR. 2
Maple & Cardamom Old Fashioned

das glas: kleiner Tumbler (20 cl)

die zutaten: 6 cl American Rye oder
Bourbon Whiskey, 1 BL Ahornsirup,
1 Messerspitze gemahlener Kardamom,
2 Tropfen Angostura Bitter, 1 Tropfen
Orange Bitter, Eiswürfel, 1 Stück Sternanis

die bargeräte: Barmaß, Barlöffel

1. Whiskey, Ahornsirup, Kardamom und beide
Bitter mit 3 Eiswürfeln in den Tumbler
geben und alles mit dem Barlöffel gleichmäßig ca. 30 Sek. verrühren.

2. Das Glas bis zum Rand mit Eiswürfeln auffüllen und alles weitere 30 Sek. verrühren.
Den Sternanis ins Glas geben und den Drink
sofort servieren.

Die Getränkegruppe der Sours stellt wie die der Fizzes eine der ÄLTESTEN in der Bargeschichte dar. Bereits Ende des 19. Jahrhunderts waren sie aus keiner Bar mehr WEGZUDENKEN. Seit jeher besonders populär: der WHISKEY SOUR!

WHISKEY SOUR
CLASSIC

süßsaurer Drei-Komponenten-Drink

das glas: großer Tumbler (38 cl)

die zutaten: 6 cl Bourbon Whiskey oder Scotch Whisky,
3 cl frisch gepresster Zitronensaft, 2 cl Zuckersirup, Eiswürfel, 1 Cocktailkirsche

die bargeräte: Barmaß, Shaker, Barsieb, 2 Trinkhalme

1. Whiskey, Zitronensaft und Zuckersirup mit 8 Eiswürfeln in den Shaker geben.
Den Shaker fest verschließen und ca. 15 Sek. schütteln.

2. Den Tumbler zu drei Vierteln mit Eiswürfeln füllen. Den Inhalt des Shakers durch das Barsieb
darübergießen. Die Cocktailkirsche ins Glas geben und den Drink mit den Trinkhalmen servieren.

*geheim^tipp Für ein samtigeres Mundgefühl und ein besseres
Aussehen geben Sie zusätzlich 1/2 (sehr frisches!) Eiweiß in den Shaker und
schütteln Sie den Drink mindestens 15 Sek. länger. Das Ergebnis macht
eindeutig Lust auf mehr ...

DAS PRINZIP SOUR. Sie können einen Sour MIT JEDER SPIRITUOSE schütteln – wichtig ist allein das VERHÄLTNIS von Spirituose, Säure und Süße. Wenn Sie mal einen LIKÖR verwenden möchten, ersetzen Sie den Zuckersirup besser durch frisch gepressten Orangensaft – Liköre sind von sich aus schon sehr süß.

WHISKEY SOUR VAR. 1
Fig & Vanilla Sour

das glas: großer Tumbler (38 cl)

die zutaten: 1/4 Vanilleschote, 6 cl Bourbon Whiskey, 3 BL Feigenkonfitüre, 3 cl frisch gepresster Zitronensaft, Eiswürfel, 1/4 frische Feige

die bargeräte: Shaker, Barmaß, Barlöffel, Barsieb, 2 Trinkhalme

1. Die Vanilleschote mit einem scharfen Messer längs aufschneiden, das Mark herauskratzen und in den Shaker geben.

2. Whiskey, Feigenkonfitüre und Zitronensaft mit 8 Eiswürfeln dazugeben. Den Shaker fest verschließen und ca. 15 Sek. schütteln.

3. Den Tumbler zu drei Vierteln mit Eiswürfeln füllen. Den Inhalt des Shakers durch das Barsieb in den Tumbler gießen. Das Feigenviertel einschneiden, an den Glasrand stecken und den Drink mit den Trinkhalmen servieren.

WHISKEY SOUR VAR. 2

New York Sour

das glas: großer Tumbler (38 cl)

die zutaten: 6 cl Bourbon Whiskey
oder Scotch Whisky, 3 cl frisch gepresster
Zitronensaft, 2 cl Zuckersirup, Eiswürfel,
2 cl trockener Rotwein (z. B. Bordeaux)

die bargeräte: Barmaß, Shaker,
Barsieb, 2 Trinkhalme

1. Whiskey, Zitronensaft und Zuckersirup
mit 8 Eiswürfeln in den Shaker geben.
Anschließend den Shaker fest verschließen
und ca. 15 Sek. schütteln.

2. Den Tumbler zu drei Vierteln mit Eiswürfeln
füllen. Den Inhalt des Shakers durch das
Barsieb in den Tumbler gießen. Den Rotwein
dazugeben und den Drink mit den Trinkhalmen servieren.

*geheim^tipp Diese Variante des Whiskey
Sour entstand um 1900 in Chicago und war damals
besonders bei Männern beliebt, da der Drink durch den
Rotwein an Trockenheit gewinnt.

COSMOPOLITAN
CLASSIC

»Sex and the City« im Glas

das glas: Martinikelch (15 cl)

die zutaten: 4 cl Zitronenwodka, 2 cl Orangenlikör (z. B. Cointreau), 1 cl frisch gepresster Limettensaft, 4 cl Cranberry-Fruchtsaftgetränk, 2 Tropfen Orange Bitter, Eiswürfel, 1 Stück Schale von 1 Bio-Orange (ca. 4 cm lang und 2 cm breit)

die bargeräte: Barmaß, Shaker, Barsieb

1. Zitronenwodka, Orangenlikör, Limettensaft, Cranberry-Fruchtsaftgetränk und Orange Bitter mit 8 Eiswürfeln in den Shaker geben. Den Shaker fest verschließen und ca. 15 Sek. schütteln.

2. Den Inhalt des Shakers durch das Barsieb in den Martinikelch gießen. Den Glasrand mit der Innenseite der Orangenschale einreiben und die Schale mit ins Glas geben.

Der Cosmopolitan zählt zu den Cocktailjünglingen: Erfunden wurde er in den späten 80er-Jahren des 20. Jahrhunderts von Toby Cecchini, einem Barbesitzer in New York. So richtig populär machte ihn jedoch erst die Schauspielerin Sarah Jessica Parker in der Fernsehserie *Sex and the City*!

KLEINE BARGESCHICHTE

Zum Gäste-Imponieren FLAMBIEREN Sie die Orangenschale! Schneiden Sie ein rundes Stück Orangenschale ab und halten Sie die Außenseite über dem Glas 4–5 Sek. an die Flamme eines Feuerzeugs. Dann die ORANGENSCHALE zusammenpressen, sodass die ÄTHERISCHEN ÖLE in Flamme und Glas spritzen. Die Orangenschale wegwerfen.

DAS PRINZIP COSMOPOLITAN. Durch die Zugabe von ASIATISCHEN AROMEN können Sie dem Cosmopolitan ganz einfach eine neue Richtung geben. Mixen Sie ihn also mal mit FRISCHEM INGWER oder auch THAI-BASILIKUM – kommt garantiert gut an!

COSMOPOLITANVAR. 1

Ginger Cosmopolitan

das glas: Martinikelch (15 cl)

die zutaten: 1 Stück frischer Ingwer (ca. 2 cm lang), 4 cl Zitronenwodka, 2 cl Orangenlikör (z. B. Cointreau), 1 cl frisch gepresster Limettensaft, 4 cl Cranberry-Fruchtsaftgetränk, 2 Tropfen Orange Bitter, Eiswürfel

die bargeräte: Shaker, Stößel, Barmaß, Barsieb

1. Den Ingwer schälen und in drei längliche Scheiben schneiden. Zwei davon in den Shakerbecher geben und mit dem Stößel zerdrücken.

2. Zitronenwodka, Orangenlikör, Limettensaft, Cranberry-Fruchtsaftgetränk und Orange Bitter mit 8 Eiswürfeln in den Shaker geben. Den Shaker fest verschließen und ca. 15 Sek. schütteln. Den Inhalt des Shakers durch das Barsieb in den Martinikelch gießen.

3. Die restliche Ingwerscheibe einschneiden und an den Glasrand stecken.

COSMOPOLITAN VAR. 2

Passionfruit Cosmopolitan

das glas: Martinikelch (15 cl)

die zutaten: 1 Passionsfrucht (Maracuja), 4 cl Zitronenwodka, 2 cl Orangenlikör (z. B. Cointreau), 1 cl frisch gepresster Limettensaft, 3 cl Cranberry-Fruchtsaftgetränk, 1 cl Maracujanektar, 2 Tropfen Orange Bitter, Eiswürfel

die bargeräte: Barlöffel, Shaker, Barmaß, Barsieb

1. Die Passionsfrucht heiß waschen und trocknen. Von der Passionsfrucht oben einen Deckel abschneiden und als Garnitur aufheben. Das Fruchtfleisch der Passionsfrucht mit Hilfe des Barlöffels aus der Schale in den Shaker kratzen.

2. Zitronenwodka, Orangenlikör, Limettensaft, Cranberry-Fruchtsaftgetränk, Maracujanektar und Orange Bitter mit 8 Eiswürfeln in den Shaker geben. Den Shaker fest verschließen und ca. 15 Sek. schütteln. Den Inhalt des Shakers durch das Barsieb in den Martinikelch gießen. Das Passionsfruchtende als Garnitur ins Glas geben. Den Drink sofort servieren.

BLOODY MARY

CLASSIC

würziger »Pick-me-up« für den Tag danach

das glas: Longdrinkglas (30 cl)

die zutaten: 1 Stange Staudensellerie (ca. 20 cm lang), Eiswürfel, 5 cl Wodka, 1 cl frisch gepresster Zitronensaft, 1 BL Worcestershiresauce, 2 Tropfen Tabasco, 1 Prise Selleriesalz, 1 Prise frisch gemahlener Pfeffer, 15 cl Tomatensaft

die bargeräte: Rührglas, Barmaß, Barlöffel, Barsieb

1. Den Staudensellerie waschen, trocknen und das untere Ende abschneiden.

2. Das Rührglas mit 8 Eiswürfeln füllen. Wodka, Zitronensaft, Worcestershiresauce, Tabasco, Selleriesalz, Pfeffer und Tomatensaft dazugeben und alles so lange mit dem Barlöffel verrühren, bis das Glas beschlägt.

3. Den Inhalt des Rührglases durch das Barsieb in das Longdrinkglas gießen. Die Selleriestange ins Glas stecken und den Drink sofort servieren.

Die Heimat der Bloody Mary *{engl. blutige Marie}* ist Paris bzw. die berühmt berüchtigte *Harry's New York Bar.* Dort kreierte der Bartender Fernand Petiot um 1924 den Drink aus Tomatensaft und der damals noch relativ unbekannten Spirituose Wodka. Populär jedoch wurde er erst in den USA in den 1950er-Jahren und darf dort seitdem zu keinem Brunch mehr fehlen!

KLEINE BARGESCHICHTE

Tomatensaft ist von der Konsistenz her recht dickflüssig. Darum sollten Sie ihn auch NIEMALS IM SHAKER schütteln, denn so würde er zusätzlich mit Sauerstoff angereichert und noch DICKFLÜSSIGER.

DAS PRINZIP BLOODY MARY. An Zutaten sollten TOMATENSAFT und WODKA gesetzt sein. Womit sich jedoch HERRLICH SPIELEN lässt, sind die Gewürze und »Beilagen«. Wie wär's also mal mit einem »BLOODY MARY-BÜFETT«? Jeder kann seine eigene Mischung zusammenmixen und dekorieren!

BLOODY MARY VAR. 1

Wasabi Mary

das glas: Longdrinkglas (30 cl)

die zutaten: 1 Stange Staudensellerie (ca. 20 cm lang), 2 cm Wasabi-Paste (aus dem Asienladen), 1 BL Sojasauce, 5 cl Wodka, 1 cl frisch gepresster Zitronensaft, 1 Prise frisch gemahlener Pfeffer, 15 cl Tomatensaft, Eiswürfel

die bargeräte: Barlöffel, Rührglas, Barmaß, Barsieb

1. Den Staudensellerie waschen, trocknen und unteres Ende abschneiden. Wasabi-Paste und Sojasauce ins Rührglas geben und so lange verrühren, bis sich die Paste aufgelöst hat.

2. Den Wodka, den Zitronensaft, den Pfeffer und den Tomatensaft mit 8 Eiswürfeln dazugeben und alles so lange mit dem Barlöffel verrühren, bis das Glas beschlägt.

3. Den Inhalt des Rührglases durch das Barsieb in das Longdrinkglas gießen. Die Selleriestange ins Glas stecken und den Drink sofort servieren.

BLOODY MARY VAR. 2

White Mary

das glas: Longdrinkglas (30 cl)

die zutaten: 500 g reife Cocktailtomaten,
5 cl Wodka, 1 BL Crème fraîche, 2 Prisen Salz,
1 Prise frisch gemahlener weißer Pfeffer,
1 BL frisch geriebener Meerrettich (ersatzweise
aus dem Glas), Eiswürfel

die bargeräte: Standmixer, Küchensieb,
Küchentuch, Topf, Barmaß, Barlöffel, Rührglas,
Barsieb

1. Die Tomaten waschen, trocknen und 1 Tomate
   für die Deko beiseitelegen. Die restlichen
   Tomaten im Mixer fein pürieren. Ein feines Sieb
   mit einem Küchentuch auslegen und auf einen
   Topf setzen. Tomatenmasse in das Sieb gießen
   und mindestens 1 Std. abtropfen lassen.

2. Den Wodka und die Crème fraîche im Rührglas
   mit dem Barlöffel gut verrühren. Vom Tomaten-
   wasser 15 cl abmessen und mit Salz, Pfeffer,
   Meerrettich und 8 Eiswürfeln dazugeben. Alles
   so lange verrühren, bis das Glas beschlägt.

3. Den Inhalt des Rührglases durch das Barsieb in
   das Longdrinkglas gießen. Die übrige Tomate
   einschneiden und an den Glasrand stecken.
   Den Drink sofort servieren.

REGISTER

IMPRESSUM

DIE AUTOREN

Helmut Adam arbeitete als Bartender in London, Wien, Zürich und Berlin. Seit 2003 ist er Herausgeber des Mixology Magazins für Barkultur (www.mixology.eu). **Jens Hasenbein** wurde 2005 zum Gault-Millau-Barkeeper des Jahres ernannt und betreut seit 2007 als Geschäftsführer die Bar- und Spirituosenfachmesse Bar Convent Berlin (www.barconvent.de). **Bastian Heuser** ist vielgereister Bartender aus Leidenschaft; er ist Mitinhaber des Onlineshops Cocktailian.de (www.cocktailian.de).

DER FOTOGRAF

Jörn Rynio arbeitet als Fotograf in Hamburg. Zu seinen Auftraggebern gehören nationale und internationale Zeitschriften, Buchverlage und Werbeagenturen. Alle Bilder rund ums genussvolle Schlürfen stammen aus seinem Studio. Tatkräftig unterstützt haben ihn dabei **Hermann Rottmann** sowie **Michaela Suchy** (Arrangements und Requisite).

BILDNACHWEIS

Titelbild und Umschlagrückseite: Shutterstock images UC; alle anderen: Jörn Rynio

WICHTIGE HINWEISE

Schenken Sie keinerlei Alkohol an Kinder und Jugendliche unter 18 Jahren aus. Trinken Sie keinen Alkohol, wenn Sie danach noch Auto fahren müssen. Wenn Sie dennoch trinken, nehmen Sie sich ein Taxi.

Konzept und Projektleitung: Alessandra Redies
Lektorat: Cora Wetzstein
Korrektorat: Waltraud Schmidt
Innenlayout, Typographie und Umschlaggestaltung: independent Medien-Design, Horst Moser, München
Illustrationen S. 10/11, 19, 31, 63, 71 und 75: studio grau, Berlin
Herstellung: Renate Hutt
Satz: Filmsatz Schröter, München
Reproduktion: Longo AG, Bozen
Druck und Bindung: Printer Trento, Trento

Syndicaton:
www.jalag-syndication.de

ISBN 978-3-8338-4121-7

Unveränderter Nachdruck des Buches »Kleine Mixschule« (ISBN 978-3-8338-1054-1) von 2008

1. Auflage 2014

 www.facebook.com/gu.verlag

Ein Unternehmen der
GANSKE VERLAGSGRUPPE

QUALITÄTS
G|U
GARANTIE

DIE GU-QUALITÄTS-GARANTIE